DERIB + JOB

COULEURS : DERIB

LE LOMBARD
BRUXELLES

© DERIB + JOB / ÉDITIONS DU LOMBARD
(DARGAUD-LOMBARD S.A) 2011

Tous droits de reproduction, de traduction et
d'adaptation strictement réservés pour tous les pays.

D/2007/0086/96
ISBN 978-2-8036-2686-1

R 02/2011

Dépôt légal : avril 2007
Imprimé en Belgique par Proost n.v.

LES ÉDITIONS DU LOMBARD
7, AVENUE PAUL-HENRI SPAAK
1060 BRUXELLES · BELGIQUE

WWW.LELOMBARD.COM

YAKARI ET GRAND AIGLE

DERIB + JOB

LA NUIT S'ÉTEND SUR LA PRAIRIE.
DANS LE VILLAGE SIOUX, TOUT
EST TRANQUILLE. LA CHASSE A
ÉTÉ BONNE, AUJOURD'HUI...

UNE FOIS DE PLUS, YAKARI RÊVE QU'IL PART
À LA RENCONTRE DE SON AMI...

TU ES FIDÈLE AU RENDEZ-VOUS, YAKARI !

DIS, GRAND AIGLE, TU M'AS PROMIS UNE SURPRISE, LA DERNIÈRE FOIS...

FERME LES YEUX !

TIENS !

!

TU EN AS DE LA CHANCE, GRAND AIGLE, DE POUVOIR VOLER, COMME TU VEUX.

JE SAIS, YAKARI...

YAKARI, C'EST LA DERNIÈRE FOIS QUE JE VIENS DANS TES RÊVES...

JE NE TE REVERRAI PLUS ?

...DANS LES JOURS QUI VONT VENIR, CHERCHE À ME RESSEMBLER LE PLUS POSSIBLE, ET ALORS TU ME REVERRAS.

IL FAUT QUE JE RESSEMBLE À GRAND AIGLE.

PEUT-ÊTRE QU'EN FERMANT LES YEUX...

C'EST DÉJÀ TOI, GRAND AIGLE ?

NON, C'EST TA MÈRE QUI ATTEND QUE TU AILLES CHERCHER DE L'EAU À LA RIVIÈRE.

GRAND AIGLE EST UN GRAND CHASSEUR...

COIN-COIN !

PLOUF

YAKARI NE RESSEMBLE PAS ENCORE À GRAND AIGLE !

8

OEIL-DE-BOUILLON SAIT-IL CE QU'IL FAUT FAIRE POUR RESSEMBLER À GRAND AIGLE ?

MMUH ?....

QUAND OEIL-DE-BOUILLON DORT, OEIL-DE-BOUILLON DORT !

YAKARI !

ARC-EN-CIEL !

YAKARI, REGARDE !

OH ! UN PETIT PUMA !

MIAOW !

HEU...

!

RATTRAPE-LE, YAKARI !

ÉLAN LENT, ARRÊTE-LE !

HEIN ?

QUOI ?

OÙ EST-IL PASSÉ ?

GRRR

GROOÂRR

LE LENDEMAIN MATIN...

PÈRE, QU'EST-CE QU'IL FAUT FAIRE POUR RESSEMBLER À GRAND AIGLE ?

MON FILS, IL N'EST PAS TEMPS DE POSER DES QUESTIONS. LES HOMMES VONT CAPTURER LE CHEVAL SAUVAGE !

OÙ VAS-TU, GRAINE-DE-BISON ?

VIENS, YAKARI ! JE SAIS OÙ SONT LES MUSTANGS PLEINS DE FEU...

REGARDE !

LA PROCHAINE FOIS, SOIS MOINS BRUSQUE, GRAINE-DE-BISON. LES MUSTANGS SAUVAGES SONT TRÈS SENSIBLES...

YAKARI, TU M'AS PARLÉ DE L'AIGLE CE MATIN. IL PLÂNE SOUVENT AU-DESSUS DE CETTE RÉGION...

...PEUT-ÊTRE, DU HAUT DE CES ROCHERS, AURAS-TU LA CHANCE D'EN VOIR UN, MON FILS.

MERCI PÈRE !!

NON LOIN DE LÀ, PETIT TONNERRE OBSERVE LE TROUPEAU...

!!

ICI, JE DOIS ÊTRE À LA BONNE HAUTEUR !

GRAND AIGLE N'A SÛREMENT PAS LE VERTIGE, LUI !...

HiiiiHi

Hiiii

MAIS... C'EST LA VOIX D'UN MUSTANG !

...ELLE VIENT DE DERRIÈRE CE ROCHER...

Hiiiihiii

HiiiiHiiii

!!

GRAND AIGLE ! ET JE NE RÊVE PAS ?

C'EST BIEN MOI !

ALORS, J'AI RÉUSSI À TE RESSEMBLER ?

OUI, YAKARI, ET J'AIME CE QUE TU AS FAIT : TU AS ÉTÉ COURAGEUX AVEC LE PUMA, TU AS ENTENDU LES APPELS DU PETIT CHEVAL ET TU AS ÉTÉ GÉNÉREUX EN LE DÉLIVRANT...

TU ÉTAIS LÀ, GRAND AIGLE ?

JE NE TE QUITTE PAS, YAKARI, CAR JE SUIS TON TOTEM, TON PROTECTEUR...

C'EST VRAI ?

FERME LES YEUX, YAKARI. JE VAIS TE DONNER LA PREUVE DU LIEN QUI NOUS UNIT...

VOILÀ, C'EST MA PLUS BELLE PLUME. GARDE-LA !

OH ! ON DIRAIT CELLE DU RÊVE...

D'AUTRES AVENTURES T'ATTENDENT. CONTINUE À ME RESSEMBLER, YAKARI.

AU REVOIR, GRAND AIGLE !

ENFIN, JE RESSEMBLE À GRAND AIGLE !

ELLE ME VA BIEN...

...ET MÊME TRÈS BIEN.

IL A PLUS FIÈRE ALLURE AVEC UNE SEULE PLUME !

YAKARI, OÙ AS-TU PRIS CETTE PLUME ?

C'EST GRAND AIGLE QUI ME L'A DONNÉE !

QUI ? MON AMI GRAND AIGLE, QUI VENAIT ME VOIR DANS MES RÊVES ET MAINTENANT AUSSI POUR DE VRAI...

L'IMAGINATION DE TON FILS GALOPE COMME UN MUSTANG FOU !

CEUX QUI PORTENT UNE PLUME D'AIGLE ONT ACCOMPLI UN EXPLOIT RECONNU DE TOUTE LA TRIBU. TU N'AS ENCORE RIEN FAIT POUR EN MÉRITER UNE ...

MAIS, C'EST GRAND AIGLE QUI M'A DIT QUE C'EST PARCE QUE JE LUI RESSEMBLAIS...

DONNE-LA MOI !

YAKARI, IL TE FAUT DORMIR. NOUS REPARLERONS DEMAIN...

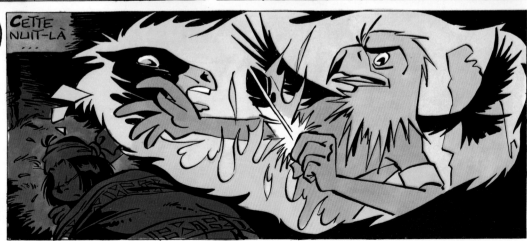

CETTE NUIT-LÀ ...

23

LE LENDEMAIN MATIN...

YAKARI SAIT-IL MAINTENANT OÙ IL A TROUVÉ CETTE PLUME ?

MAIS, PÈRE, C'EST GRAND AIGLE QUI ME L'A DONNÉE !

SQUAW, CHAUFFE LES PIERRES POUR LA HUTTE DE TRANS- PIRATION, YAKARI DOIT AVOIR LA FIÈVRE !

LA SUÉE ÉLIMINERA SES DRÔLES D'IDÉES.

!

PLUS TARD...

ENTRE, JE VAIS VERSER L'EAU SUR LES PIERRES BRÛLANTES.

PCHHH

SUIS-MOI !

C'EST TOUJOURS UN AIGLE QUI T'A DONNÉ CETTE PLUME ?

PARFAI- TEMENT !

LE PASSAGE DU CHAUD AU FROID EST UNE BONNE MÉDECINE POUR RAFRAÎCHIR LA MÉMOIRE...

ILS M'EN VEULENT DANS CETTE FAMILLE !

PLOUF

C'EST POURTANT BIEN GRAND AIGLE ...

LES JOURS PASSENT ET YAKARI EST TOUJOURS SEUL AVEC SON SECRET...

ÇA SERT À QUOI DE RESSEMBLER À GRAND AIGLE ?

MOI QUI ÉTAIS SI FIER !

QUAND EST-CE QU'ON ME CROIRA ?

?

QU'EST-CE QU'ILS ONT TOUS ?

!

LE FEU !

LE FEU EST LÀ AUSSI ...

CRAAC

!

LE FEU EST PARTOUT !!

SUIS-MOI, YAKARI !

GRAND AIGLE !

J'AI PEUR, GRAND AIGLE !

AIE CONFIANCE, SUIS TON TOTEM ! QUELQUE CHOSE DE NOUVEAU COMMENCE POUR TOI, YAKARI .

LA NUIT VIENT, ARRÊTONS-NOUS !

GRAND AIGLE, POURRAIS-TU ME DIRE POURQUOI CEUX DE MA TRIBU NE M'ONT PAS CRU ?

TU SAIS, YAKARI, TU AS ENCORE BEAUCOUP DE CHOSES À APPRENDRE... UN JOUR, CE SONT EUX QUI TE DONNERONT LA PLUME.

COMMENT ? EUX ? POURQUOI ?

PATIENCE, YAKARI... ET MAINTENANT, DORS !

PENDANT CE TEMPS-LÀ...

AUCUNE TRACE DE TON FILS...

RENTRONS AU CAMP, PEUT-ÊTRE Y RETROUVERONS-NOUS YAKARI...

LE LENDEMAIN MATIN...

MIAM !

CRONCH !

28

36

CETTE FOIS, JE SUIS COMPLÈTEMENT PERDU !

DE LÀ-HAUT, JE POURRAI ME REPÉRER...

C'EST PEUT-ÊTRE DES HOMMES...

D'ICI, ON VOIT PARTOUT !

MAIS !....ON DIRAIT DE LA POUSSIÈRE, TOUT LÀ-BAS !...

JE L'AURAI, AVEC UN PEU DE PATIENCE....

...ET DE RUSE....

PLUS TARD....

JE SAVAIS BIEN QU'IL VIENDRAIT CHERCHER DE L'OMBRE !

40

EEEH!

TU NE VEUX VRAIMENT PAS ÊTRE MON AMI ?

?

TON AMI ? TU AURAIS DÛ ME LE DIRE PLUS TÔT...

!

JE COMPRENDS CE QUE TU DIS !!

MAIS C'EST VRAI ! JE POUVAIS DÉJÀ PARLER AVEC GRAND AIGLE !

DONC, JE DOIS POUVOIR PARLER AVEC TOUS LES ANIMAUX...

ON VA S'ENTENDRE, TOUS LES DEUX !

42

ET VOILÀ !

TU ES VRAIMENT PLEIN DE FEU, COMME LE TONNERRE !

TU PERMETS ? L'HERBE SENT BON ICI !

YAKARI, JE N'OUBLIERAI JAMAIS QUE TU M'AS DÉLIVRÉ, DANS LE PIERRIER ...

C'ÉTAIT NOTRE PREMIÈRE RENCONTRE, PETIT TONNERRE...

JE VAIS TE PRÉSENTER AUX MUSTANGS !

REGARDEZ ! UN CAVALIER !

MAIS... MAIS...

...C'EST YAKARI !

AVEC PETIT TONNERRE ?!

PLUS TARD...

NOUS TE CROYIONS PERDU ET TU REVIENS DANS TA TRIBU MONTÉ SUR PETIT TONNERRE, YAKARI, TU AS ACCOMPLI UN **GRAND EXPLOIT** !

TU AS MÉRITÉ TA PLUME !

DERIB + JOB XII 1970

MERCI PÈRE !

GRAND AIGLE AVAIT RAISON, C'EST EUX QUI ME L'ONT DONNÉE !...

FIN

46

L'AIGLE
Fiche d'identité

Famille : Accipitridés (oiseaux)

Régime alimentaire :
Carnivore

Géographie :
Présent sur les 5 continents

Rapport à l'homme :
Sauvage

Yakari et Grand Aigle

Grand Aigle a donné à Yakari le merveilleux pouvoir de parler à tous les animaux. Il voit tout ce que fait son protégé. Dans les moments difficiles, il lui indique la voie à suivre, mais toujours de façon énigmatique.

Ce que Yakari ne pouvait pas savoir

Symbole de noblesse et de puissance, le pygargue à tête blanche a été officiellement choisi, en 1782, comme l'emblème des États-Unis d'Amérique.

L'AIGLE

L'aigle est vénéré comme le roi des oiseaux, de même que l'on salue le lion comme étant celui des mammifères terrestres. C'est un des rapaces les plus impressionnants, avec son regard perçant, ses puissantes pattes armées de redoutables serres.

Il existe une cinquantaine d'espèces d'aigles différentes réparties à travers le monde. Tous sont carnivores et se nourrissent de rongeurs ou de proies de plus grande taille, tel le renard. Certains mangent aussi des poissons, vivants ou morts.

Les aigles vivent dans de grands espaces. Ils aménagent leur nid (leur aire) sur les hauteurs. Une famille d'aigles occupe la même aire pendant 4 à 5 ans, raison pour laquelle certaines constructions atteignent des dimensions imposantes.

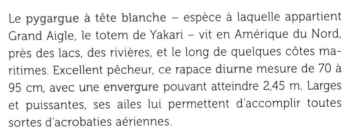

Le pygargue à tête blanche – espèce à laquelle appartient Grand Aigle, le totem de Yakari – vit en Amérique du Nord, près des lacs, des rivières, et le long de quelques côtes maritimes. Excellent pêcheur, ce rapace diurne mesure de 70 à 95 cm, avec une envergure pouvant atteindre 2,45 m. Larges et puissantes, ses ailes lui permettent d'accomplir toutes sortes d'acrobaties aériennes.

Son acuité visuelle est remarquable : ses yeux jaunes, profondément encastrés sous les arcades sourcilières, sont capables de détecter une proie à près d'un kilomètre.

APPRENDS EN T'AMUSANT AVEC YAKARI

Jouer

Labyrinthe

Aide Yakari à traverser le labyrinthe pour qu'il retrouve sa plume.

SOLUTION :

Lire

Les mots oubliés

Remets les mots manquants à leur place et fais ainsi le portrait de Grand Aigle.

Pour y arriver, sers-toi de tes connaissances sur les aigles et les aventures de Yakari.

Grand Aigle, un ....

à .... blanche,

est le .... de Yakari.

Il voit tout ce que .... son protégé.

Dans les .... difficiles, il lui

indique la .... à suivre mais de

façon ....

Le malicieux petit .... doit alors

s'efforcer de ....

tête	comprendre	Sioux
pygargue	moments	totem
voie	énigmatique	fait

SOLUTION : Pygargue ; tête ; totem ; fait ; moments ; voie ; énigmatique ; Sioux ; comprendre

Compter

Suite logique

Dans les 4 séries de chiffres qui suivent, trouve la logique et complète la suite.

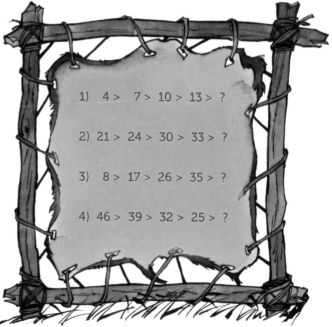

1) $4 > 7 > 10 > 13 > ?$

2) $21 > 24 > 30 > 33 > ?$

3) $8 > 17 > 26 > 35 > ?$

4) $46 > 39 > 32 > 25 > ?$

SOLUTION : 16, 39, 44, 18